Pin[illegible]ga™

joue les casse-cou

POCKET
jeunesse

Dans la même collection :

Pingu et le lapin perdu
Pingu fait du snowboard
Pingu et le ballon de Pinga

Loi n° 49-956 du 16 juillet 1949
sur les publications destinées à la jeunesse : février 2005.

Titre original : *Pingu's Bouncy Fun*
Scénario original de Rupert Fawcett

Une adaptation de Fanny Joly
d'après la série télévisée « Pingu »

www.pingu.com

ISBN : 2-266-14961-X

Dépôt légal : février 2005
Imprimé en France par Pollina, 85400 Luçon - n° L95083 A

Adaptation de Fanny Joly

Pingu™ joue les casse-cou

Pingu s'amuse comme un petit fou.
Il saute, saute, saute sur son lit !

Mais à l'étage du dessous :
boum badaboum...

La vaisselle dégringole des étagères
et se retrouve par terre !

Maman monte dans la chambre.
Elle n'est pas contente :
– Arrête, Pingu !

Le problème, c'est que Pingu n'a pas **du tout** envie d'arrêter...

– Joue plutôt avec ta sœur
dans le salon, dit Maman.
Dès que Maman sort,

Pingu saute sur le fauteuil : super,
ça rebondit aussi bien que sur le lit !
Attention, la tasse va tomber !

À force de sauter,
la tasse est tombée.
Maman revient et se fâche :
– Ça suffit !
Ce fauteuil
n'est **pas** un trampoline,
Pingu !

Pingu n'est pas content.
Il écrase le lapin de Pinga.

Juste à ce moment-là,
Papa rentre du travail.
– Tu tombes bien, occupe-toi
de Pingu ! dit Maman. Moi,
je vais faire des courses avec Pinga.

Papa s'installe pour lire son journal.
Pingu vient le voir :
– Fabrique-moi un trampoline,
je t'en suppliiie !

– D'accord, dit Papa,
mais... avec quoi ?
Pas avec un arrosoir,
non, sûrement pas !

À force de fouiller la maison,
Papa et Pingu trouvent :
des bâtons, une raquette...

... un balai, une corde, une épuisette.

Et même un tapis !

Chouette !

Le trampoline est terminé.

Il est ma-gni-fi-que !

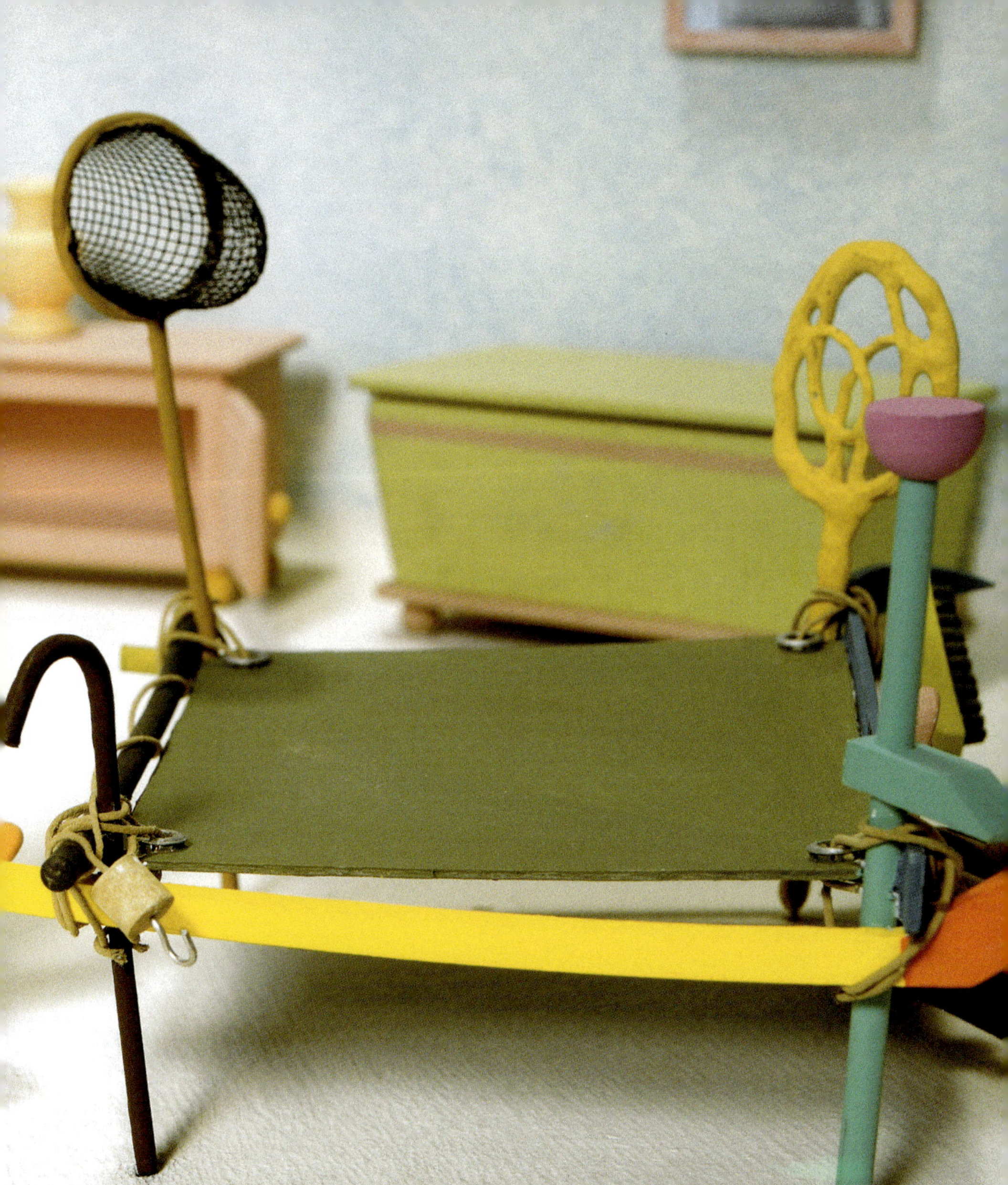

– Je peux l'essayer ?
– Vas-y, fiston ! dit papa.

Aïe ! Pour son premier saut,
Pingu atterrit... sur le sol.

– Je peux
recommencer,
P'pa ?
– Vas-y, fiston !

Au deuxième saut,
Pingu atterrit
dans les bras de son Papa.
– C'est mieux,
entraîne-toi encore !
lui conseille Papa.

Le troisième saut
aurait été parfait,

si Maman n'était pas arrivée
en criant :
– Qu'est-ce qui se passe
encore, ici ?

Surpris, Pingu atterrit
dans le fauteuil...

... mais la tête en bas !

– On ferait peut-être mieux
de s'entraîner dehors !
propose Papa.

Maman se dépêche de mettre des casques à Papa et à Pingu.

Oh là là !
Que c'est rigolo,
de sauter si haut !